AF360119

DEUX

PERMISSIONS

DE DIX HEURES

Y Th
4980

S'adresser pour la musique à M. O. LEGOUIX, éditeur, boulevard
Poissonnière, 27, à Paris.

COULOMMIERS. — TYP. A. MOUSSIN ET CHARLES UNSINGER.

DEUX PERMISSIONS

DE DIX HEURES

OPÉRETTE EN UN ACTE

PAROLES DE

MM. POL MERCIER ET CURRAT

MUSIQUE DE

M. FRÉDÉRIC BARBIER

Représentée pour la première fois, à Paris, sur le théâtre Déjazet,
le jeudi 19 mai 1864.

PARIS

E. DENTU, ÉDITEUR

LIBRAIRE DE LA SOCIÉTÉ DES GENS DE LETTRES

PALAIS-ROYAL, 17 ET 19, GALERIE D'ORLÉANS

Et à la **LIBRAIRIE CENTRALE**, 24, Boulevard des Italiens.

—

1864

— Tous droits réservés —

PERSONNAGES :

PAMPELUNE, artilleur de la garde.
BLAISEMANN, fantassin, natif des
  environs de Strasbourg.
VICTOIRE, cuisinière.
CÉLESTINE, femme de chambre.

ACTEURS :

MM. Tissier.

Dubois.
Mlle Alice-Roger.
Jeanne.

La scène se passe à Paris, chez les époux Chapotin,
maîtres boulangers.

DEUX PERMISSIONS

DE DIX HEURES

Une cuisine. — Porte au fond. — A droite de cette porte, une
grande cheminée, avec lèchefrite, tourne-broche et ustensiles de
cuisine. — Un peu plus loin, même côté, à environ deux mètres
du sol, un petit grenier à farine, avec porte carrée. Une échelle
conduit à ce grenier. — Sur le côté à droite, 1er plan, une porte
conduisant chez M. Chapotin. — A gauche de la porte d'entrée
un buffet garni de vaisselles, de plats, marmites, chaudrons, etc.,
même côté, un grand coffre à charbon, puis une table, le long de
la muraille, sur laquelle sont déposés des mets et des fioles. —
Une porte, côté gauche, menant à la chambre de Victoire. —
Une autre porte, 1er plan, conduisant à l'escalier de service. —
Table à gauche. — Quelques chaises.

SCÈNE PREMIÈRE

VICTOIRE, seule.

Au lever du rideau elle sort de la chambre de M. Chapotin.

Trois heures ! v'là le moment où Blaisemann va venir !
(Prenant un poulet placé sur la table à gauche.) Personne ne nous
gênera aujourd'hui... vu que, l'dimanche, quand la fournée
est vendue... le bourgeois et la bourgeoise ferment la boutique d'en dessous... pour filer dîner à la campagne... (En
s'asseyant à droite, son poulet en main.) V'là ce que c'est que
d'être de riches boulangers... rue Saint-Honoré... avec trois
mitrons... une cuisinière... et une mijaurée de femme de
chambre...

SCÈNE II

VICTOIRE, CÉLESTINE *.

CÉLESTINE, sortant de la même chambre, et en toilette.

Là ! je n'oublie rien !

VICTOIRE, en plumant.

La v'là... la mijaurée ! la v'là !...

CÉLESTINE, cherchant dans sa poche.

J'ai bien mes gants... mon mouchoir...

VICTOIRE, finissant de plumer son poulet.

Oui ! débarrasse-nous le plancher !...

CÉLESTINE, en se dirigeant vers la porte du fond.

Ah ! dites-moi, Victoire, c'est bien convenu, n'est-ce pas ?...

VICTOIRE, de mauvaise humeur.

Quoi ! qu'est-ce qu'il est convenu ?...

CÉLESTINE, descendant vers Victoire.

Pendant que je sors avec madame...

VICTOIRE, maugréant.

Oh ! vous ! pardienne ! la femme de chambre... vous ne vous refusez rien... tandis que nous pauvres cuisinières !..... (Elle retourne son poulet d'un air de dépit.)

CÉLESTINE, en s'attifant avec complaisance devant un petit miroir de la cuisine, entre les deux portes de gauche.

Faudrait, peut-être, vous demander la permission d'aller prendre l'air... une minute... aux Tuileries ?...

VICTOIRE, à part.

Fait-elle sa cassonnade !... queu malheur !...

CÉLESTINE, toujours au miroir.

Enfin, madame m'a chargée de vous dire de mener le petit Gugus, à Montrouge, chez sa marraine...

VICTOIRE, qui s'est levée.

C'est bien ! on ira !... (à part.) Queu guignon !... et mon militaire à qui j'ai donné rendez-vous dans ma cuisine !.....

* Victoire, Célestine.

CÉLESTINE, à part. — S'avançant à pas de loup, sur le devant du théâtre.

Moi, dès qu'elle sera décampée... je reviens... et reçois ici, pour la première fois, mon bel artilleur !...

VICTOIRE, à part. — Près de la table de gauche.

Je suis sûre que Blaisemann rôde aux alentours...

CÉLESTINE, regardant à sa montre.

Mais ! v'là l'heure où Pampelune m'attend au jardin des Tuileries... ne flânons pas !... (En sortant par le fond.) Il est si épris ! si galant !...

VICTOIRE.

Va ! va faire la dinde aux Tuileries. (En ce moment on entend frapper à la porte de l'escalier de service, au premier plan de la scène.)

VICTOIRE.

Déjà ! c'est lui ! je reconnais son toc toc ! (Ouvrant la porte avec précaution.) C'est vous ?...

BLAISEMANN, se montrant, d'un air timide.

Ya... vous êtes pien seule ?...

VICTOIRE, le faisant pénétrer dans la cuisine.

Oui ! oui ! entrez, mauvais sujet !...

SCÈNE III

VICTOIRE, BLAISEMANN. *

BLAISEMANN, très-joyeux, montrant un papier.

Tites donc ?..... j'lai ! la f'là ma permission de dix heures !.....

VICTOIRE, mettant le verrou à la porte de l'escalier de service.

Chut ! pour plus de sûreté !..... (en faisant de même à la porte du fond de la cuisine.) A c't'heure !..... j'sommes cheu nous !.....

BLAISEMANN.

Si vous voulez brendre mon ceinturon. (Il le lui donne.)

VICTOIRE.

Oui !...

* Victoire, Blaisemann.

BLAISEMANN.

Ma shako.

VICTOIRE.

Bien! (Elle va les déposer au fond).

BLAISEMANN, très-câlin.

Si vous saviez... bendant que ma doigt faisait toc toc.....
gomme ma pauvre betite cœur faisait tic tac!...

VICTOIRE, lui mettant en main un panier rempli de légumes.

C'est bon! c'est bon!... en attendant, faut m'éplucher les
carottes pour la soupe...

BLAISEMANN, galamment, cherchant à l'embrasser *.

J'éblucherai tout ce que vous foudrez, payse!...

VICTOIRE, lui passant et lui nouant un tablier de cuisine sous les bras.

Voyons! vilain petit blanc bec... voulez-vous bien vous
tenir droit, ou je me fâche!...

BLAISEMANN, cherchant à lui embrasser les mains pendant qu'elle lui
noue le tablier.

Bourquoi que vous afez de gentilles betites bâtoches gomme
ça, qu'on en mangerait z'en gibelotte... (Il redescend le théâtre
et s'assied d'un côté de la table.)

VICTOIRE, assise de l'autre côté.

Mais vous m'épouserez?...

BLAISEMANN, prenant un couteau sur la table.

Toujours!...

VICTOIRE.

Mais quand? quand?...

BLAISEMANN, râclant des légumes.

Quand? quand?..... y a pas de cancan là-dedans, quand
j'aurai ma congé. (Prenant un navet.) C'est pas une carotte
ça!.....

VICTOIRE.

Ah ouiche!... son congé!... il est conscrit.

BLAISEMANN.

Depuis seulement deux mois!...

VICTOIRE.

Et vous n'avez plus que sept ans de service à faire.

* Blaisemann, Victoire.

BLAISEMANN, naïvement, se levant.

Pas blus !...

VICTOIRE.

Rien que ça !...

BLAISEMANN, avec un certain effroi.

Ah! sapremann ! dites donc !.... si les maîtres de la logis...

VICTOIRE.

Les boulangers... m'sieur et m'ame Chapotin.

BLAISEMANN.

Ya ! me foyaient dedans leur guisine en train d'éblucher les légumes, ils seraient bas gontents.

VICTOIRE.

Mais puisqu'on vous dit, bouriquet, qu'ils sont à la campagne...

BLAISEMANN, joyeux.

Frai !.... gomme ça.... payse.... ensemble.... ici... toutes *deuce*... z'et seuls à seuls...

DUETTINO.

ENSEMBLE :

Comme deux oiseaux en cage,
Ah! que nous nous aimerons !...
Comm' nous nous le redirons
Chaque instant, davantage !...

(En ratissant les légumes, chacun de leur côté.)

Quels doux babillages,
Et caquetages
Et badinages,
Nous ferons
Qu'nous rirons
Sans tapage !...

ENSEMBLE.

VICTOIRE et BLAISEMANN.

Comme deux oiseaux en cage,
etc.

VICTOIRE.

Pour commencer, faut me fair' cuire
Ce poulet que je viens d' plumer...

1.

BLAISEMANN, le poulet et une petite broche en main.

Moi guisinier ! ça me fait rire
Je n'sais pas par où commencer
Est-ce par ici, ou par le tête?...

VICTOIRE.

Ah ! que vous avez donc l'air nigaud !...

BLAISEMANN.

C'est que voyez-vous, en fait de bête,
Moi je n' sais cuir' que l'haricot !...

VICTOIRE , riant.

Ah ! ah ! comme vous êtes maladroit? (Elle embroche la vo-
laille et la met devant le feu.)

BLAISEMANN.

Dam, mam'zelle, y a pas longtemps que j'somme au service,
mais ça viendra soyez tranquille je suis en train de faire mon
inducation militaire... Abbrenez-moi tout ce que fous foudrez... j'ai tant besoin de m'instruire !

REPRISE DU DUETTINO.

Comme deux oiseaux en cage,
Ah ! que nous nous aimerons,
Comme nous nous le redirons
Chaque instant davantage...
Quels doux badinages,
Et caquetages,
Et babillages,
Nous faisons !...
Bah ! rions.
Sans tapage !...

VICTOIRE.

Mais c'est pas tous ça ! c'est pas tout ça ! (Lui donnant le pan-
nier plein de débris.) Tenez, videz-moi ça.

BLAISEMANN, soulevant un petit trapillon de gauche, pratiqué sur le
devant du théâtre.

Ah ! oui... je sais... il y a ici...

VICTOIRE, de devant la cheminée, où elle s'occupe du pot au feu.

Eh bien, qu'est-ce que vous faites donc... pas là... c'est la
boutique.

BLAISEMANN,

C'est le boutique !...

VICTOIRE.

Eh oui!...

BLAISEMANN.

Alors... je sais... il y a l'autre... (Il va soulever un autre tra
pillon tout semblable, sur le premier plan à droite.)

VICTOIRE, toujours de son pot au feu.

Mais là... non plus... c'est l'arrière-boutique.

BLAISEMANN, ébahi.

L'arrière-boutique! (Regardant au-dessous.) Ce être frai... Eh
bien, où voulez-vous que je les jette... fous me t'ites jettez!
et bien...

VICTOIRE.

Mais là, dans le panier aux épluchures.... (ôtant son
tablier.) Maintenant, pendant que je vas conduire Gugus à
Montrouge, chez sa marraine...

BLAISEMANN, en vidant des débris à droite dans le panier indiqué.

Ya le betit mioche qui joue en bas dans le cour.

VICTOIRE.

Vous, vous allez mettre le poulet au feu, garder la cuisine
et soigner la bête...

BLAISEMANN.

Ya...

VICTOIRE, en ôtant le verrou de la porte du fond.

Et ne le laissez pas brûler surtout !

BLAISEMANN.

Oh !.., y a pas de tanger !..

VICTOIRE.

Et ne vous impatientez pas trop... je prends l'omnibus et
je reviens !... Au revoir, à bientôt !...

BLAISEMANN.

Comment, payse !... vous me quittez déjà ?... sans que...

VICTOIRE, disparaissant vivement, en lui fermant la porte sur le nez.

C'est bon... c'est bon... (Du dehors en s'éloignant.) Puisque je
reviens !...

SCÈNE IV

BLAISEMANN seul.

Comment ! elle me laisse seul... tout seul... ici.... (Devant
la cheminée, s'occupant de la cuisine.) Ah! tut d'même que j'être
pien heureux de avoir retroufé le payse... et surtout le payse
guisinière... car ce être elle qui mettre des fils de soie dedans le coton de mon existence... El'e être si gentille la
payse !... la voilà le boulet au feu ! (Il ôte son tablier, après avoir
agité le tourne-broche qui fonctionne pendant toute la pièce.)

Air :

> Elle a des yeux, un' p'tit frimousse,
>   Un pied mignon !...
> Un' petit' main... qui vous repousse
>   D'un air fripon !...
>   Ah ! men-gott
>   Waster grass-nicht,
>   Fich klac.

> Comme il est leste, vive, ingambe,
> Et que d'atraits dans son corset,
> Son bas blanc, tire sur son jambe,
> Laisse voir un gentil mollet !...

(Parlé.) Oh! mais un mollet... un mollet, qu'on en mangerait sur du pain... figurez-vous.... (En frémissant de plaisir.)

> Elle a des yeux, un' p'tite frimousse,
>   Un court jupon...
> Son voix, douc' comme un' betit' source,
>   Me dit, me dit : ia ! non !...
>   Ah !-men-gott
>   Waster grass nicht,
>   Fich klac.

PAMPELUNE, du dehors.

Coucou ! que vous êtes rendue !... que je présuperpose...

BLAISEMANN, avec terreur.

Sapremann !... quelqu'un.... le bourgeois peut-être..... je
m'sauve ! (Il se sauve dans la chambre de Victoire ; au même moment, Pampelune entre avec précaution par la porte du fond.)

SCÈNE V

PAMPELUNE.

RÉCITATIF.

Personne ! à pàs de loup, près de ma tourterelle,
J'arrive enfin ! cré nom d'un cœur !...
Doux rendez-vous ! c'est comme un boute-selle
Sonnant la joie au cœur de l'artilleur !...

Air :

Salut ! ô charmante cuisine
Salut cuisine où, chaque jour,
Je recevrai de Célestine
Le premier bouillon de l'amour !...
        Ah ! que de beaux,
        Et bons morceaux
                De rôts,
                De gigots,
        D'ailes de volaille,
        Qu'en lui prenant la taille,
                Je mang'rai,
                J'aval'rai !...
Ah ! quel triple rang de fioles !...
Bientôt on f'ra connaissance avec vous !...
Dans ces luisantes casscrolles,
Cuiront pour moi de bons ragoûts !

(En prenant sur la table, un petit verre de cognac ; il se verse.)

        Et si quelque jour
        Le tendron m'était infidèle,
Un petit verre de parfait amour
        Viderait bientôt la querelle,
        Mais, chut ! ne disons rien
        Mais chut ! tout ira bien.

(Il dépose après avoir bu, le carafon et le verre sur la cheminée
                de la cuisine.)

        Salut ô charmante cuisine
        Salut cuisine où chaque jour,
        Je recevrai de Célestine
        Le premier bouillon de l'amour !

Je viens de la voir aux Tuileries, la petite... «Allez devant,
« m'a-t-elle dit, au premier, la clef est sur la porte... (en remon-
« tant) que pour plus de précaution je vais la fourrer en de-

« dans. (Il l'ôte et la replace vivement à l'intérieur. — Redescendant.)
« Là ! comme ça, n'y a pas de danger ! « Elle va lâcher ses
« maîtres qui se balladent pour toute la soirée... » Bref,
comme v'là tantôt six semaines que je fais de l'œil à ce joli
tendron... du moment qu'il me réciproque de la prunelle...
ma foi ! z'a tout événement, que j'ai demandé z'une permission
de dix heures... (Lisant sa permission.) J'autorise l'artilleur...
(Respirant dans la cuisine avec ravissement.) J'autorise l'artilleur...
mais cré nom d'un cœur ! Quel fumet z'agréable !... c'est le
pot au feu qui galope... ventre à terre !... (Ouvrant la lèchefrite,
et apercevant le poulet qui rôtit, — se brulant les doigts.) Oyé !
(Voyant tous les mets sur la table de côté.) Ah ! triple potiron !...
Et des bouteilles qu'ont des chapeaux en argent ! Que ces
apprêts culinaires ne sont pas pour le monarque de Prusse...
c'te prévenance me touche ! un vrai repas de six barriques !...
Tête de veau... pieds z'aux truffes... de l'homard... et du
boudin blanc... oh ! le boudin blanc... que je l'idole !... Le
tout compliqué d'un petit vin... qui porte sa nomination...
là, voyez-vous ! (Lisant l'étiquette.) « Pommade... » Ils ont
fourré de la pommade là dedans. (Se versant.) Sans doute un
pays qui s'appelle comme ça (Il boit). Et il n'est pas bon ?
non ! c'est des allumettes !... que cette pommade, on dirait
z'un vrai roussillon. (Au moment où il dépose la bouteille et le verre
sur la table on entend distinctement dans la coulisse.)

BLAISEMANN.

Très-bien ! mein her le goncierge... je vous remercie...

PAMPELUNE, vivement.

Quelqu'un ?.....

BLAISEMANN, du dehors.

Je suis la nouvelle ponne qu'attendent mein her et m'ame
Chapotin...

PAMPELUNE.

La nouvelle bonne !...

BLAISEMANN.

C'est pien !... j'vas toujours monter...

PAMPELUNE.

Elle monte ?... Elle va monter !...

BLAISEMANN.

Bour les attendre !...

PAMPELUNE.

Que le diable te torde le cou !... Veux-tu bien ne pas...

Où me fourrer ! (Près de la cheminée.) Là ! non... il fait trop chaud... et puis je n'aurai qu'à tomber dans le pot au feu... Ah ! cette pièce, sans doute l'appartement du Chapotin. (Il disparaît vivement par la porte du premier plan, à droite.)

SCÈNE VI

BLAISEMANN, se montrant avec précaution en paysanne des environs de Strasbourg.)

V'là ce que je affre trouvé... si, là-dessous... le bourgeois me regonnait... par exemple!... et buis, gomme ça, je bourrai mieux attendre le payse... sapreman! c'te voix sur le balier, me a fait tonné une souleur!... (Se versant à boire.) Je affre soif gomme une éponche.... (S'asseyant près de la table, et se relevant aussitôt pour aller près de la cheminée.) Ah! et le belit pête ne rôtissait pas trop?... Non... y va pien... très-bien... il turne, il turne toujours. (Pendant que Blaisemann revient s'asseoir près de la table, et boit avec délices, Pampelune reparaît, lentement, affublé d'une vaste robe de chambre, et coiffé d'un bonnet grec.)

SCÈNE VII

BLAISEMANN, PAMPELUNE.

PAMPELUNE. *

Je présuperpose que c'te robe de chambre appartient au bourgeois... mais puisque le Chapotin est absent jusqu'à ce soir, il n'y a aucun danger... Ah! voilà la nouvelle bonne... Elle a des pièces de dix sous sur son bonnet!

BLAISEMANN, sans voir Pamplune, se versant un deuxième verre.
Bon betite vin.

PAMPELUNE.
Elle essaye la maison... là, voyez-vous! (S'approchant et lui frappant sur l'épaule.) Eh bien, comment le trouvez-vous?...

BLAISEMANN, au momemt où il porte le verre à ses lèvres. — A part.

Sapreman! le Chapotin!... (Haut). On dirait du velours en bouteille.

* Blaisemann, et Pampelune.

PAMPELUNE, à part.

Je vas t'en donner du velours dans la bouteille! (Haut).
Pardon! la belle enfant!... Vous demandez quelqu'un ?...
z'ostensiblement!...

BLAISEMANN.

Mein her Chapotin, s'il vous plaît ?...

PAMPELUNE, se drapant dans la robe de chambre.

M. Chapotin... c'est moi!...

BLAISEMANN, à part.

Sapreman! feillons au grain!

PAMPELUNE, faisant les cent pas, avec importance.

Oui... oui, c'est moi m'sieur Chapotin... que désirez-vous ?
que lui voulez-vous !...

BLAISEMANN.

Je arriffais de ma villache... et gomme on me affre dit que
vous afiez besoin d'une guisinière, d'une bonne guisinière...

PAMPELUNE, la considérant, à part.

Vous a-t-elle des petits yeux de lapin blanc! il paraît que
j'ai besoin d'une bonne cuisinière... d'après son parlement
je présuppose que c'est une mangeuse de choucroûte... elle
doit être de Strasbourg ou de Marseille.

BLAISEMANN, à part.

Gomme il me reluque !...

PAMPELUNE.

Ça, poulette, quel âge avez-vous ?..... calculablement parlant.

BLAISEMANN.

Seize ans aux concombres...

PAMPELUNE, à part.

En v'là une qu'il faudra mettre en sevrage pour élever des
bourriques !... (Haut.) Et qu'est-ce que vous savez faire, su-
balternement parlant.

BLAISEMANN.

Ce que j'safons faire, mein her Chapotin ?...

PAMPELUNE.

Voui! voui!

BLAISEMANN.

T'abord, t'abord... boire le vin tiré...

PAMPELUNE.

Ça n'est pas difficile.

BLAISEMANN.

Manger la soupe cuite, et les côtelettes saignantes...

PAMPELUNE.

Ah ! et puis ?

BLAISEMANN.

Et puis, prendre mon café après...

PAMPELUNE.

Avec le petit verre...

BLAISEMANN.

Ya...

PAMPELUNE.

De vieille ?...

BLAISEMANN.

Et quatre morceaux de sucre !...

PAMPELUNE, à part.

Ça, voyez-vous, c'est une dinde sur son bec !

BLAISEMANN.

Ah! je vous préviens que je ne frotte pas l'appartement.

PAMPELUNE.

Bien !... on a quelqu'un pour ça !...

BLAISEMANN.

Je ne veux pas récurer les chaudrons.

PAMPELUNE.

Ah !

BLAISEMANN.

Ni nettoyer les carreaux...

PAMPELUNE.

Bah !

BLAISEMANN.

Ni laver le linge.

PAMPELUNE.

Non plus ?...

BLAISEMANN.

Ni rincer les bouteilles, ni monter le bois...

PAMPELUNE.

Et combien que vous demandez pour faire tout ça...

BLAISEMANN.

Pour faire tout ça... dam... quarante écus...

PAMPELUNE.

Pas plus ?

BLAISEMANN.

Vous m'prenez ?...

PAMPELUNE.

Avec enthousiasme ! (A part.) Qu'est-ce que je risque !.... Il n'y a que moi pour te payer tes gages !... tu peux te gratter... comme on dit...

BLAISEMANN, lui tapant dans la main.

Alors vous topez-là !

PAMPELUNE, à part, la reluquant d'un air égrillard.

Et elle n'a pas de corsage... non ! c'est des allumettes !.... et ce nez ! regardez-moi ce nez... un petit nez retroussé... en selle anglaise, on dirait la selle du trompette major !...

BLAISEMANN.

Sapreman ! que je foudrais pien m'en aller !

PAMPELUNE, à part.

Si en attendant Célestine, je lui faisais un petit doigt de cour... pourquoi pas !... (Haut, très-galamment.) Pardon... la belle enfant...

BLAISEMANN, à part.

Je me sauverais bien, mais sapreman je peux pas rentre à la caserne comme ça.

PAMPELUNE, montrant la bouteille sur la table.

Subséquemment que vous me feriez celle d'en vider une avec moi, ma poule d'or !...

BLAISEMANN, faisant avec aplomb le salut militaire.

Mein her... il être pien pon !...

PAMPELUNE, à part.

Qu'elle fait le salut militaire... c'est z'un bon cheval de trompette... qu'elle doit avoir vu le feu !... (Pampelune s'assied d'un côté de la table ; Blaisemann est assis de l'autre côté.)

DUO.

PAMPELUNE.

Dites-moi, belle strasbourgeoise,
Parlez... répondez sans détour?...

BLAISEMANN, à part.

Ah! sapreman! comme il me toise!

PAMPELUNE.

Savez-vous ce que c'est qu' l'amour?...

BLAISEMANN.

Vu tite? Est-ce une manifelle?...

PAMPELUNE, à part.

Queu grue! (haut.) Eh! non, l'amour, ma belle,
C'est un joli p'tit Adonis...

BLAISEMANN, se levant.

Je être si tellement sache
Que cheu nous, aux fêtes du pays,
J'étions la rosière du village!...

PAMPELUNE.

Inoui! la rosière du village.

BLAISEMANN.

Voui!... voui!... j' fus rosière au village.

PAMPELUNE, avec une expression amoureuse et comique, attirant dou-
cement par la main Blaisemann, qui se raidit et lui résiste.

Écoute, écoute ma belle inhumaine,
La voix de ton heureux vainqueur,
Qui te murmure, en soupirant, sa peine,
Et dépose à tes pieds son cœur!...
Ah! ne crains rien, ma timide bergère,
Je ne veux pas ici t'effaroucher,
Et s'il est vrai que tu sois une rosière
Laisse-moi du moins devenir ton rosier!...

Ton p'tit rosier, ton beau rosier, ton amour de rosier?

ENSEMBLE :

Près{de toi mon cœur fait tic, fait toc,
{de moi son.

Mon}
Son} petit cœur fait tic toc.

Fait tic toc!...
Tic toc!

* Blaisemann, Pampelune.

PAMPELUNE, le lutinant.

Va t'as beau faire
A mon désir, t'as beau t'soustraire,
Tu n' peux me refuser
Ce baiser !...

BLAISEMANN, se défendant.

V' lez-vous vous taire !...
Chamais m'sieur le militaire !...
J'entends vous refuser
Ce baiser !... *

(Pendant les dernières mesures du duo, Pampelune poursuit Blaisemann et le saisit, avec ardeur, par sa jupe, qui craque, se déchire, et laisse voir Blaisemann moitié en soldat, moitié en bonne).

BLAISEMANN.

Ah ! sapremann !...

PAMPELUNE, renversé de surprise, et jetant les vêtements dans la chambre de Chapotin.

La poule est un coq !... (Il se débarrasse vivement de sa robe de chambre, et se retrouve en artilleur.)

BLAISEMANN, s'avançant vers lui et bondissant en se trouvant en face d'un artilleur.

Un guerrier !...

PAMPELUNE, menaçant.

Oui, un guerrier qui va te flanquer une tripotée !.... Mon bonhomme !... que la peau va t'en fumer !... par exemple !...

BLAISEMANN.

Sapremann !... je être dans une filaine bosition...

PAMPELUNE.

Çà, maintenant, jeune pousse-caillou, quelle est ton appellation nominative ?

BLAISEMANN, résolûment.

Eh bien, je m'en vas vous le dire... je être Blaisemann... fusilier au 13ᵉ, du 5ᵉ, de la 1ʳᵉ compagnie.

PAMPELUNE.

Oui, oui, je m'en vas te fusilier, tout à l'heure dans la première compagnie ! attends un peu ! (lui emboitant le pas), subséquemment qu'alors tu attendais la bonne de *céanse ?...*

BLAISEMANN.

Ya !...

PAMPELUNE, montrant la table.

Et ce festival... devant lequel z'un caniche se lécherait les *babouines*... était pour elle et pour toi ?...

BLAISEMANN.

Ya !... ya !...

PAMPELUNE.

Et c'te jupe que t'as passée... pour me supplanter.... dans le cœur de celle qui m'a juré amour... fidélité... constance !

BLAISEMANN.

Ya !... ya !... qu'est-ce que vous dites... elle vous affre juré fidélité... gonstance !...

PAMPELUNE.

Non ! c'est des allumettes !...

BLAISEMANN.

Ce être bas frai...

PAMPELUNE, menaçant.

Comment... méchant roquet !...

BLAISEMANN.

Le bayse... il être fertueux gomme la Virginie... et je être son Baul !...

PAMPELUNE.

Ah ! tu être son Paul... tiens? (il lui enlève le ballon d'un solide coup de pied). C'est y son Paul ça ?...

BLAISEMANN, naïvement.

Endrez !...

PAMPELUNE , se retournant avec surprise.

Il appelle André ?.... ah ! non ! il me goaille.... ah ! tu me goailles !.... tu me goailles !... (Prenant près de la cheminée une grande broche). Attends un peu... espèce de marche à pied !...

BLAISEMANN.

Juste ciel ! qu'allez-vous faire ?

PAMPELUNE.

Je vais t'embrocher comme un canard !

BLAISEMANN.

M'embrocher !.... Il prend un tabouret qu'il lui jette dans les jambes.)

PAMPELUNE.

Allons, défends ta peau , tiens , une, deux et trois... (il

perce le tabouret, Blaisemann se défend, en se sauvant avec un second tabouret.) Ah ! tu vas me le payer, monsieur Aglaé !...

BLAISEMANN, (s'emparant d'une broche et d'un grand couvercle de marmite dont il se fait un bouclier.

N'avance pas, grand brigand, ou je me sers de cette arme... à feu !...

PAMPELUNE.

Ah ! ah !.... il se fait une cuirasse avec le couvercle de la bassine aux confitures !.... Alors que je suis-t'un Horace.... En avant les Horaces contre les Cuirasses, tiens !... tiens !... (Il le poursuit en tapant sur le bouclier.)

BLAISEMANN, en se défendant et croisant le fer contre celui de Pampelune.

Au secours !... à la garde !... au feu!...

PAMPELUNE.

Une ! deux.

BLAISEMANN.

Sapremann !... (En parant, il fait tomber la broche de Pampelune.)

PAMPELUNE.

Ah ! le lâche il me désarme ! (s'emparant d'une chaise) Mais alors que je lui casse une chaise de dessus la tête ! — (En ce moment Blaisemann coiffe Pampelune du long et profond panier d'osier aux épluchures ; puis il s'enfuit et disparaît dans le charbonnier.)

PAMPELUNE.

Qu'est-ce qui me fourre sur la tête ?... mon bonnet à poil ? (Il finit par se débarrasser du panier, mais une grosse carotte lui reste dans la bouche.

Ah ! tu crois que j'avalerai comme ça des carottes ! ousqu'il se cache le fouinard ?.. ah'! dans la chambre du Chapotin... (Il y rentre.) — Blaisemann se voyant seul , une minute , sort du charbonnier avec la figure toute noire..

PAMPELUNE , qui revient, aperçoit Blaisemann qui soulève le couverle du charbonnier.

Ah ! le voilà le gueusard !...

BLAISEMANN, ahuri et suppliant, avec les mains toutes noires.

Oh ! pitié ! pitié ! juste ciel !....

PAMPELUNE , s'asseyant sur le couvercle du charbonnier que Blaisemann soulève pour sortir, et bondissant , à chaque instant, par soubresauts comiques.

Veux-tu bien brigand !... (En ce moment, on entend très-distinc-
ement frapper à la porte de la cuisine du fond.) Chut !... tais-toi !...
(Il s'éloigne du charbonnier.)

BLAISEMANN, en sortant du charbonnier, à mi-voix.

Motus ! quelqu'un !...

VICTOIRE, du dehors.

Blaisemann !... Blaisemann !... la clef n'est pas sur la
porte, je vais rentrer par la boutique.

PAMPELUNE.

Ça doit être la Célestine qui rentre... la perfide !... Ah ! je
te vas lui vider mon sac... elle peut y compter, par exemple !...

BLAISEMANN, qui écoute à la porte avec anxiété.

Mais non ! c'est monsieur et madame Chapotin... cachons-
nous... Ah ! dans le grenier à la farine. (Il gravit vivement les
premières marches de l'échelle.

PAMPELUNE.

Eh bien ! et moi.

BLAISEMANN.

Toi, prends le charbonnier...

PAMPELUNE, l'enlevant de l'échelle, le déposant par terre, et montant
dans le grenier à sa place.

Veux-tu bien y retourner, mauvais lignard !...

RLAISEMANN.

Mais il y a peut-être place pour deux...

(Blaisemann le suit adroitement par derrière sur l'échelle, puis enferme
vivement Pampelune dans le grenier à farine dont il retire la clef.)

BLAISEMANN.

Cric... crac... en cage. (Il descend vivement de l'échelle, et se
met à danser au milieu du théâtre, en chantant un refrain de tyro-
lienne.)

PAMPELUNE, reparaissant par une petite ouverture ovale pratiquée
dans la porte, et qui laisse seule le passage de sa tête.

Oh ! la petite bête !...

BLAISEMANN, triomphant.

Ah ! ah !...

PAMPELUNE.

Pourrais-tu me dire pourquoi que t'es une si petite bête
que ça

BLAISEMANN, assis près de l'échelle.

Parce que je n'en suis pas une si grosse que toi !.... donc !...

PAMPELUNE, à lui-même.

C'est impossible ! j'ai jamais pu entrer par ce petit trou !... T'as donc fermé la porte ?...

BLAISEMANN.

Un peu !...

PAMPELUNE.

Et t'as retiré la clef ?...

BLAISEMANN.

Très-bien !

PAMPELUNE.

Mais enfin, jeune imprudent, qu'est-ce que tu fais là ?... le Chapotin va te surprendre.

BLAISEMANN.

Le Chapotin, ça être un plaque.

PAMPELUNE.

Une blague, ah ! j'te repincerai.

BLAISEMANN.

Oui, mais je t'ouvrirai pas.

PAMPELUNE.

Mais que je te casserai les reins ! (Se ravisant.) Mon petit Blaisemann, mon petit camarade, car t'est mon petit camarade toi !...

BLAISEMANN.

Oui... oui, chante toujours !...

PAMPELUNE.

Est-ce que tu vas me laisser moisir là-dedans ?

BLAISEMANN.

Non ! c'est des allumettes !...

PAMPELUNE.

Cré nom d'un cœur ! qu'est-ce qui me dégouline dans le cou !... Crelotte ! mais c'est un rat.., il y a des rats !...

BLAISEMANN, assis d'un air railleur au bas de l'échelle.

COUPLETS.

1.

T'es pris grillot,
T'es pris grillot.
Tu vas passer toute la nuit, dans cette armoire,
Sans t'asseoir, sans manger, ni boire,
Ainsi que dans un noir cachot,
T'es pris grillot,
T'es pris grillot?

2.

T'es pris grillot, (*bis.*)
Tu ne pourras pas d'ici demain fair' ton service,
Et t' auras plus d'quinz' jours d' sall' de police,
l'eut-être même de cachot,
T'es pris grillot ! (*bis.*)

(Il lui envoie son verre de vin à la face par la lucarne, sur le refrain du couplet, et monte de nouveau à l'échelle, pour le narguer.)

SCÈNE VIII

LES PRÉCEDENTS, VICTOIRE. *

VICTOIRE soulevant de sa tête le trapillon sur le devant du théâtre,
côté gauche, à part.

Pourquoi donc, Blaisemann a-t-il retiré la clef ?... que diable
peut-il faire ?... tiens ! il gesticule tout seul devant le grenier
à la farine !...

VICTOIRE, haut.

Eh ! Blaisemann ?...

BLAISEMANN, heureux.

Bah ! vous v'là revenue ?... (La tête de Victoire est dérobée à
Pampelune par un coin de la table à gauche.)

VICTOIRE à Blaisemann.

Qué que vous machinez donc là ?...

* Victoire, Blaisemann.

BLAISEMANN, à Pampelune.

Tiens !... tiens !... viens donc un peu m'empêcher de lui faire la cour, à present !... (Agenouillé près de la trappe, prenant la tête de Victoire dans ses deux mains et l'embrassant.) Mon bon petit raton bleu... mon joli lapin blanc ?...

VICTOIRE, repoussant Blaisemann qui est trop amoureux.

Ah ! mais... jeune fantassin....

BLAISEMANN.

Puisque je t'épuse... dans sept ans !...

VICTOIRE, se laissant faire.

Alors !... s'il m'épuse...

PAMPELUNE.

Il embrasse ma particulière, sur l'honneur !....

BLAISEMANN.

Non ! sur la joue droite... et puis sur la gauche....

VICTOIRE.

Voulez-vous bien finir !....

BLAISEMANN.

Puisque je t'épuse... dans sept ans !...

PAMPELUNE, criant.

Oui, puisqu'il t'épuse...

BLAISEMANN et VICTOIRE, ensemble s'embrassant.

Ah ! alors !...

PAMPELUNE, voyant s'ouvrir le second trapillon de droite.

Qu'est-ce que c'est que ça ? encore un rat !...

SCÈNE IX

LES MÊMES, CÉLESTINE.

CÉLESTINE, soulevant l'autre petite trappe mobile,

Pourquoi donc Pampelune a-t-il retiré la clef ?... que diable peut-il faire ?... (apercevant Blaisemann et Victoire qui s'embrassent.) Ah !...

BLAISEMANN et VICTOIRE, en apercevant Célestine. *

Ah!...

* Victoire, Blaisemann, Célestine, Pampelune.

DEUX PERMISSIONS DE DIX HEURES.

PAMPELUNE, du grenier.

Ah !...

(Tous ces *ah !* doivent être faits sur des intonations différentes.)

CÉLESTINE.

Eh bien ! dites donc ! ne vous gênez pas, vous là-bas !...

PAMPELUNE.

Ils ne se gênent pas non plus, allez !...

CÉLESTINE.

C'est pour être mieux, sans doute, que mam'selle Victoire s'est renfermée dans sa cuisine ?.

VICTOIRE.

Oui, ma chère... moi je reçois mes amoureux à domicile... tandis que vous, vous donnez rendez-vous aux Tuileries à des artilleurs...

PAMPELUNE, voyant Célestine et poussant un cri du haut du grenier.

A des artilleurs. Ah ! mais alors que c'est ma particulière !...

CÉLESTINE.

Monsieur Pampelune !...

PAMPELUNE.

Mam'selle Célestine !... Dans le soupirail de la cave !...

CÉLESTINE.

Que diable faites-vous là-haut ?...

PAMPELUNE.

Eh mon Dieu... j'attends l'omnibus !... oui !

BLAISEMANN.

Mais, en ce gas, Victoire m'est fidèle !...

PAMPELUNE.

Célestine aussi !...

BLAISEMANN, remontant à l'échelle.

Alors, du moment que la tienne z'est la tienne...

PAMPELUNE.

Et que la mienne...

BLAISEMANN.

N'est pas la tienne, je t'ouvre. Je t'ouvre vite ton cage. (Il le délivre.)

PAMPLUNE, reparaissant hors du grenier, tout blanc comme un Pierrot.

Cré nom d'un cœur !... Ah ! mes enfants !... Quelle prise ! (Il éternue.)

BLAISEMANN, en riant.

Un vrai goujon!... y a plus qu'à le faire frire...

PAMPELUNE.

C'est un gredin de sac, qui m'a crevé sur la tête...

BLAISEMANN.

Ah! si le Chapotin te voyait!... Tu ne serais pas blanc.

PAMPELUNE, montrant à Blaisemann sa figure et ses mains toutes noires.

C'est toi qui ne serais pas blanc... t'es noir comme deux ramoneurs!...

VICTOIRE, à Blaisemann.

Oh! blanc ou noir!... moi pourvu qu'il m'épouse.

BLAISEMANN.

J'en lève la main... les deux mains, et je t'enlève avec!...
(Il fait arriver Victoire par la trappe, complétement en scène.)

PAMPELUNE, à Célestine.

Moi... idem!... Ibidem!... (Même jeu de scène.)

CÉLESTINE, d'un air confus.

Je suis peut-être bien légère!...

PAMPELUNE.

Z'une plume!... z'une petite plume!...

CÉLESTINE.

Mais si vous m'êtes fidèle...

PAMPELUNE.

Non! c'est des allumettes!...

TOUS.

Ah! ah!... Qu'est-ce que ça sent!

BLAISEMANN.

Ah! c'est le poulet qui brûle.

PAMPELUNE.

Que si le poulet brûle, qu'il doit être cuit.

VICTOIRE, qui l'a débroché, le servant sur la table.

Et cuit à point... que je dis!...*

PAMPELUNE, saisissant un couteau et une bouteille de champagne.

A table!... Cré nom d'un cœur!...

* Pampelune, Célestine, Victoire, Blaisemann.

TOUS.

Oui! oui! à table!...

VICTOIRE, donnant un verrre à Blaisemann.

L'infanterie à gauche...

CÉLESTINE, se plaçant près de Pampelune.

L'artillerie, à droite.

PAMPELUNE, faisant sauter le bouchon d'une bouteille de champagne.

Et feu!...

BLAISEMANN, faisant de même.

De toutes pièces!...

PAMPELUNE.

Dans la cuisine aux amourettes!

FINAL.

TOUS, chaudement en trinquant.

Et tic, toc, et tin, tin, tin,
Que not' verr' se toque,
Que not' verr' se choque,
Et tic, toc, et tin, tin, tin.
Vidons
Les flacons,
Sur un gai refrain !...

(On entend frapper soudain à la porte de la cuisine, la musique continue en sourdine sur ces paroles, jusqu'à la reprise du refrain.)

TOUS, bondissant.

Hein ?...

(Voix du dehors de madame Chapotin.)

Victoire ?...

VICTOIRE, à part.

Madame !...

BLAISEMANN.

La bourgeoise !...

(Voix du dehors de M. Chapotin.)

Célestine !...

CÉLESTINE, à part.

Monsieur !...

BLAISEMANN, ne sachant où se réfugier.

Oh !...

PAMPELUNE.

Le singe !...

(Voix de madame Chapotin.)

Vous êtes là, ma fille ?...

CÉLESTINE, haut.

Oui, madame !...

(Voix de M. Chapotain.)

Vous êtes bien rentrée ?

CÉLESTINE, haut.

Oui, monsieur... mais je me couche !...

(La voix de Chapotin.)

C'est bien... c'est bien !...

(La voix de madame Chapotin).

Ne vous dérangez pas !.... nous rentrerons par l'appartement....

VICTOIRE.

Oh !.... (Elle va vite fermer à clef la porte de la chambre de M. Chapotin.)

(La voix de Chapotin.)

Dormez bien toutes deux !...

VICTOIRE ET CÉLESTINE.

Oui, monsieur... Ils s'éloignent.

BLAISEMANN, montrant un papier.

Dites donc !... heureusement que j'ai ma permission de dix
heures...

PAMPELUNE, montrant la sienne.

Que je n'en ai pas z'une, moi aussi !... non, c'est des allumettes...

BLAISEMANN.

Bah ! deux permissions de dix heures !...

PAMPELUNE.

Oui, et en attendant que ces dames nous en octroyent une
troisième... (Reluquant Célestine avec une expression de physionomie
très-égrillarde.)

TOUS.

Et tic, et toc, et tin, tin, tin,
Que not' verre se toque,
Que not' verr' se choque,
Et tic, toc, et tin, tin,
        Vidons,
      Les flacons
Sur un gai refrain !...

(Sur la fin de l'ensemble, qui doit être très-chaud et très-animé,
Pampelune lutine Célestine, Blaisemann fait des agaceries à Victoire, et
quand le rideau tombe, les deux militaires ravissent un baiser à chacune,
en élevant leurs verres à Cupidon.)

FIN.

Coulommiers. — Imprimerie de A. MOUSSIN et Charles UNSINGER

www.ingramcontent.com/pod-product-compliance
Lightning Source LLC
LaVergne TN
LVHW012147170726
843503LV00009B/4027